AF563575

Grasse a/m.
Villa Fressinet
11 Juin 1902

Monsieur l'Administrateur
Général

J'ai l'honneur de vous faire tenir un exemplaire de l'œuvre de Mgr Pie (plus tard Cardinal Pie) que vous voulez bien accepter pour vos collections.
Si la chose est possible, j'ai-merais qu'elle fut cataloguée au nom de l'auteur et au nom "Fressinet de Bellanger". Veuillez agréer l'expression de ma considération très distinguée

Mis Fressinet de Bellanger

ALLOCUTION

PRONONCÉE PAR

(peu après Cardinal)

MGR PIE, ÉVÊQUE DE POITIERS

DANS LA CÉRÉMONIE DU MARIAGE

DU COMTE FRESSINET DE BELLANGER

AVEC

Mademoiselle GENEVIÈVE BRUN

En l'Église de Saint-Louis-d'Antin

A PARIS

le 23. Janvier 1879.

Jeunes Époux,

Il m'est doux d'appeler moi-même la bénédiction divine sur une alliance au bonheur de laquelle mon cœur s'intéresse si vivement.

Le sentiment humain de l'amitié est trop noble par lui-même et il confine de trop près à la charité divine, pour créer un obstacle au ministre des choses saintes; l'émotion de son cœur n'apporte aucun trouble aux effusions libérales de la grâce; elle en élargirait plutôt le canal surnaturel; dans tous les cas, elle donne à sa parole et à ses enseignements une autorité plus douce et plus pénétrante.

Le motif qui vous amène aujourd'hui au pied des autels, jeunes époux, est plus noble, plus relevé qu'il n'est possible de le dire. Aux yeux de l'homme qui est initié aux grandes et fortes vérités du christianisme, et qui se nourrit des sublimes contemplations de la foi, le mariage participe plus encore du ciel que de la terre; la grâce y intervient plus que la nature; et la religion n'usurpe rien quand elle revendique pour elle seule cet acte tout entier, laissant d'ailleurs aux législations humaines le soin d'en régler et d'en assurer les effets civils.

Permettez-moi donc de vous parler un langage assorti au caractère dont je suis revêtu et de vous montrer à quelle hauteur de vues vous êtes obligés de vous placer, si vous voulez dignement correspondre à la grandeur de votre mission.

La doctrine chrétienne nous apprend que Dieu, qui vivait et régnait dans le ciel, éternellement heureux en la société d'un Fils égal à lui et auquel l'unissait un amour incomparable, voulut, en dehors de ce Fils unique, avoir d'autres enfants qu'il aimerait et dont il serait aimé, des fils adoptifs qui partageraient éternellement son bonheur dans les cieux. C'est pourquoi il créa tout un monde, qu'il soumit aux lois sagement combinées de la nature et de la grâce, du concours desquelles devaient résulter la naissance temporelle et la régénération spirituelle des élus appelés à régner avec lui durant les siècles des siècles.

Ainsi dans le plan divin, et eu égard au seul résultat définitif qui doit survivre à tout le reste, l'œuvre sociale du Très-Haut se réduit à ces deux institutions par rapport auxquelles toutes les autres sont secondaires : le ministère conjugal ou le mariage destiné à transmettre la vie naturelle, et le ministère ecclésiastique ou le sacerdoce destiné à répandre la vie surnaturelle. Car, dit saint Augustin, le but du mariage est de mettre au monde des hommes à sanctifier, et le but de l'Église est de sanctifier les hommes venus au monde, afin que, par ce travail simultané de la nature et de la religion, le ciel recrute le nombre de ses bienheureux.

Or, le mariage ayant ainsi pour objet l'achèvement du corps de Jésus-Christ par le complément de ses membres, qui sont les saints, Dieu a voulu que l'état conjugal fût saint lui-même, et que, pour produire les vases susceptibles de recevoir les infusions de la grâce divine, les époux fussent préparés avant tout par un sacrement qui répandît la grâce en eux-mêmes.

Et ce sacrement, Dieu, dont toute l'œuvre créée se tient et s'enchaîne, en avait posé les premiers vestiges, dès le Paradis terrestre, dans l'union du premier homme et de la première femme, alors que celle-ci, formée de la chair même de son époux, figurait déjà l'Église, mère de tous les vivants, tirée du cœur du nouvel Adam, Jésus-Christ.

Comprenez par ce peu de paroles, jeunes époux, toute la grandeur et la sainteté du lien qui va moins encore vous unir l'un à l'autre que vous unir l'un et l'autre à Dieu, lequel ne vous communiquera sa vertu féconde que pour accroître par vous sa famille éternelle.

Voilà ces grandes vues de la foi qui font planer les enfants des saints dans une région toute céleste, bien au-dessus de la chair et du sang, et qui impriment à la société des époux chrétiens un caractère de noblesse et de pureté qui ne dérobe rien, bien au contraire, aux sentiments et aux transports de leur naturelle et constante affection.

Ces considérations seraient trop hautes pour des âmes vulgaires, mais vous, mon jeune ami, et la compagne que le Ciel vous donne aujourd'hui vous saurez les comprendre et les goûter.

M'étant fait votre garant sur les fonts de la régénération baptismale, et n'ayant cessé de vous suivre depuis lors avec un regard de père, je vous rends ce témoignage, mon cher fils, que votre jeunesse a su remporter sur elle-même plus d'une victoire morale, et que vous êtes en voie d'atteindre la science par excellence, je veux dire, celle qui vous fera envisager et juger toutes choses du haut de votre baptême et dans la clarté de votre foi. Faute de s'être placés à ce point de vue, nous voyons journellement s'évanouir les espérances légitimes qu'avaient fait concevoir de beaux talents et de riches natures. Vous ne donneriez pas à votre pays tout ce qu'il est en droit d'espérer de vous, si vous n'étiez pas un chrétien éminent. A ce prix, au contraire, vous répondrez à l'attente de cette élite d'hommes distingués qui ont reporté sur vous, avec une affection si fidèle, les sentiments dont ils étaient pénétrés pour votre père, l'une des âmes les plus loyales, les plus énergiques, les plus généreuses que nous ayons connues, et vous serez la consolation, l'orgueil, la joie toujours croissante de cette mère tendrement chérie, à qui de trop cruelles souffrances ont inspiré de vous assurer, dès à présent, la possession d'un cœur qui vous aimerait, comme elle veut que vous soyez aimé toujours. Et vraiment la Providence divine, secondée par des mains amies, est venue au devant de ses vœux.

Je n'ai pu qu'entrevoir les heureuses qualités de celle qui vous apporte aujourd'hui son cœur; mais ce cœur est si prompt à s'ouvrir qu'il m'a été facile d'y constater des trésors de bonté et de vertu. Recevez donc aujourd'hui, ô mon jeune ami, recevez comme un don du Ciel cette enfant que vous confie une mère, encore revêtue de deuil et baignée de larmes, une mère qui attend de vous l'adoucissement de sa douleur; elle a tant perdu que vous aurez beaucoup à rendre pour proportionner le dédommagement à la perte.

Dans un jour de terrible mémoire, il m'avait été donné de rencontrer la famille qui devient aujourd'hui la vôtre, et ce souvenir ne s'est jamais effacé de mon esprit. Qui m'eût dit alors que la jeune enfant échappée au péril me demanderait un jour de bénir l'union de sa fille avec un de mes plus aimés fils spirituels? Dieu, à qui tout est présent, voyait cela, et nous assistons à l'accomplissement de ses impénétrables desseins. Cette enfant que toute une famille étroitement unie remet aujourd'hui entre vos mains, vous la traiterez comme un être sacré : vous l'entourerez de révérence, vous l'aimerez d'un amour élevé, généreux, désintéressé; cherchant, voulant et procurant toujours et avant tout son bien; son bien plus que le vôtre, si tant est que désormais son bien puisse être séparé du vôtre. Éclairez-la, conduisez-la, soutenez-la, consolez-la, édifiez-la. L'autorité est bien aisément acceptée quand elle se laisse inspirer par l'amour, et la sagesse n'est point amère quand c'est le cœur qui fait la leçon.

Et vous, Mademoiselle, recevez comme de la main de Dieu, cet époux qu'il vous a choisi. Vous marcherez à son côté, comme une compagne fidèle, comme une aide active et dévouée, comme une épouse docile selon qu'il est écrit: Que les épouses soient, en toutes choses, soumises à leurs époux, comme l'Église est soumise à Jésus-Christ. Vous rendant heureux l'un par l'autre, vous vous appliquerez à faire des heureux autour de vous, et vous verserez dans la main des pauvres, dans le sein des êtres souffrants, quelque partie des biens dont la Providence vous a favorisés. Par là, vous travaillerez à détromper tant d'âmes qu'on égare, et vous forcerez les mauvais eux-mêmes à croire à la vertu. Et quand sera venue pour votre maison cette précieuse bénédiction de la fécondité, que l'Église souhaite à tous ceux qu'elle marie, vous élèverez vos enfants comme vous-mêmes avez été élevés, perpétuant ainsi pour votre part, sur notre pauvre terre de France, cette génération des justes, qui est la force des nations et le salut du monde, parce qu'elle constitue le corps du Christ et la famille de Dieu. Ainsi soit-il.

Paris, 23 Janvier 1879.

† L. E. *év. de Poitiers.*

Bourges, typ. Pigelet et Fils et Tardy.

2 octobre

www.ingramcontent.com/pod-product-compliance
Lightning Source LLC
LaVergne TN
LVHW010333230826
846091LV00009B/3855

9782019954864